글쓴이 헬렌 스케일스
영국의 작가, 해양 생물학자, 방송인, 스쿠버 다이버입니다. 영국 뉴캐슬대학교에서 열대 연안 관리 석사 학위, 케임브리지대학에서 박사 학위를 받았습니다. 지은 책으로는 『그레이트 배리어 리프』, 『눈부신 심연』, 『조개 이야기』 등이 있습니다.

그린이 호몰루 지폴리투
브라질의 예술가이자 화가입니다. 2019년에는 상하이 황금 바람개비 젊은 삽화가 공모전에서 특별상을 받았고, 2018년에는 멕시코 이베로아메리카 공식 카탈로그에 작품이 수록되었습니다. 그린 책으로는 『아마존강』이 있습니다.

옮긴이 이정모
연세대학교 생화학과를 졸업하였고, 같은 학교 대학원에서 석사 학위를 받았습니다. 서대문 자연사박물관 관장, 서울시립과학관 관장, 국립과천과학관 관장으로 재직했으며 2019년 과학의 대중화에 기여한 공로로 과학기술훈장 진보장을 받았습니다. 『과학자와 떠나는 마다가스카르 여행』, 『과학이 가르쳐준 것들』, 『저도 과학은 어렵습니다만』, 『꽃을 좋아하는 공룡이 있었을까』(공저) 등 여러 권의 과학 책을 썼으며, 『우리가 몰랐던 어둠 속에서 빛나는 생물들』, 『매드 사이언스 북』, 『대왕고래 : 세상에서 가장 큰 동물에 관한 놀라운 이야기』 등을 우리말로 옮겼습니다.

술라 탐험대와 떠나는 야생의 섬
갈라파고스

초판 1쇄 발행 2024년 6월 15일

글쓴이 헬렌 스케일스 | **그린이** 호몰루 지폴리투 | **옮긴이** 이정모
펴낸이 박철준 | **편집** 신지원 김진영 | **디자인** 디자인서가
펴낸곳 찰리북 | **출판등록** 2008년 7월 23일(제313-2008-115호)
주소 서울시 마포구 동교로18길 33, 201(서교동, 그린홈)
전화 02)325-6743 | **팩스** 02)324-6743 | **전자우편** charliebook@gmail.com
인스타그램 instagram.com/charliebook_insta | **블로그** blog.naver.com/charliebook

ISBN 979-11-6452-091-6 77400

※ 잘못 만든 책은 구입하신 곳에서 바꾸어 드립니다.
※ KC마크는 이 제품이 공통안전기준에 적합하였음을 의미합니다.

Originally published in the English language as "SCIENTISTS IN THE WILD GALÁPAGOS" © Flying Eye Books 2023
Text © Helen Scales 2023
Illustrations © Rômolo D'Hipólito 2023
Korean Translation Copyright © Charlie Book 2024
All rights reserved. This Korean edition was published by an arrangement with Flying Eye Books edition through JMCA

이 책의 한국어판 저작권은 JMCA를 통해 저작권사와의 독점 계약으로 찰리북이 소유합니다.
신 저작권법에 의하여 한국 내에서 보호를 받는 저작물이므로 무단 전재와 복제를 금합니다.

술라 탐험대와 떠나는 야생의 섬

갈라파고스

헬렌 스케일스 글 | 호몰루 지폴리투 그림 | 이정모 옮김

찰리북

차례

08	갈라파고스에 오신 것을 환영합니다
10	술라 탐험대를 소개합니다
12	술라호에 오신 것을 환영합니다
14	잠수 장비를 소개합니다
16	갈라파고스에만 살고 있는 생물들을 소개합니다
18	펭귄을 연구해요
20	뱀상어에게 위성 추적 장치를 달아요
22	개복치들은 왜 모였을까요?
24	똑똑한 사냥꾼 바다사자를 아나요?
26	금지된 어업 방식을 멈춰 주세요
28	분홍이구아나를 연구해요
30	플랑크톤을 연구해요
32	외로운 땅거북 조지를 아나요?
34	향고래의 딸깍 소리는 무슨 뜻일까요?
36	엘니뇨와 라니냐는 어떤 영향을 미칠까요?
38	갈라파고스신천옹은 왜 먼 거리를 여행할까요?
40	거대땅거북 수가 늘어났어요
42	찰스 다윈을 소개합니다

44	다윈의 책, 『종의 기원』을 소개합니다
46	핀치새의 부리가 달라진 이유를 아나요?
48	악마의 왕관 바다에서 산호를 연구해요
50	멸종 위기 생물들을 살펴보세요
52	핀손섬의 동물들을 만나러 가요
54	바다이구아나를 연구해요
56	홍학을 연구해요
58	푸른발얼가니새를 연구해요
60	맹그로브 숲을 연구해요
62	바닷속 공기 방울의 정체는 무엇일까요?
64	고래상어를 연구해요
66	바닷속 화산을 연구해요
68	아주 뜨거운 곳에서도 생물들이 살아요
70	다양한 상어를 만나 보세요
72	진짜 탐험은 지금부터입니다
74	갈라파고스의 미래는 어떻게 될까요?
76	낱말 풀이

갈라파고스에 오신 것을 환영합니다

태평양 한가운데에는 다른 곳에서는 볼 수 없는 섬들이 모여 있습니다.
이 섬들이 바로 갈라파고스 제도입니다.

대부분의 섬들은 원뿔 모양입니다. 화산에서 쏟아져 나온 용암이 식은 후 층층이 쌓여서 검은색의 울퉁불퉁한 바위가 되었지요.

갈라파고스 정보

- 13개의 큰 섬과 120여 개의 작은 섬이 있습니다. 이 섬들은 에콰도르 본토에서 멀리 떨어져 있습니다. 에콰도르와 가장 가까이 있는 큰 섬은 본토 동쪽에서 1,000킬로미터나 떨어져 있습니다.

- 모든 섬은 화산에서 생겨났습니다. 가장 늙은 화산은 약 500만 년 전에 분화했지요. 가장 젊은 화산은 지금도 가끔씩 분화합니다.

- 적도가 갈라파고스 제도를 지나갑니다. 그래서 갈라파고스 제도는 열대성 기후로 항상 덥습니다. 갈라파고스 북쪽에서는 따뜻한 해류가 들어오고, 남쪽과 서쪽에서는 차가운 해류가 들어옵니다. 두 해류가 강처럼 섞이면서 특이한 기후가 만들어졌고, 독특한 생물종이 어우러져 살게 되었습니다.

- 갈라파고스 제도의 육지와 바다는 생물 다양성이 보존된 곳으로 다른 곳에서는 볼 수 없는 야생 생물들이 모여 살아가고 있습니다.

갈라파고스 제도를 탐험할 때 가장 좋은 방법은 배를 타는 것입니다.
특히 모험심이 강한 과학자들이라면 말이에요.

갈라파고스의 인류 역사

공식적으로는 1535년 파나마 주교가 갈라파고스를 발견했습니다. 그는 페루로 항해하던 중 강한 해류에 휩쓸리는 바람에 항로에서 벗어나 갈라파고스에 도착했다고 합니다. 1832년 에콰도르는 갈라파고스를 자신들의 땅이라고 선언했습니다.

갈라파고스는 1959년에 국립 공원으로 지정되었습니다. 당시에는 약 1,000명 정도만 살았고 대부분 어부였습니다. 현재 갈라파고스에는 약 3만 명의 주민이 살고 있고 매년 25만 명 이상의 관광객이 찾아옵니다.

술라 탐험대를 소개합니다

전 세계에서 일곱 명의 과학자가 갈라파고스 야생 생물 연구 팀에 합류하기 위해 연구선 술라호에 올랐습니다. 과학자들은 자신의 전문 지식을 활용하여 갈라파고스 제도를 탐험할 예정입니다. 이제부터 이들을 '술라 탐험대'로 부르겠습니다.

카타는 지질학자입니다. 지구를 구성하는 암석, 퇴적물을 비롯한 여러 가지 물리 구조를 연구합니다. 또한 지구 생명체에 필수적인 화학 물질을 연구하는 생물 지구 화학자이기도 합니다.

렌은 무척추동물학자입니다. 산호와 게, 해면처럼 등뼈가 없는 동물을 전문적으로 연구하는 생물학자입니다. 또한 심해 생물학자로서 바다 깊은 곳에 사는 생물을 연구하는 전문가이기도 합니다.

오스카는 해양 포유류 학자입니다. 고래와 바다사자 같은 해양 포유류를 주로 연구합니다. 이번 탐험에서는 야생 생물들의 소리를 연구하는 음향 생태학자로 일할 예정입니다. 오스카는 숨을 참고 깊은 바다를 헤엄치는 프리 다이버이기도 합니다.

다비데는 조류학자입니다. 새를 전문적으로 연구하는 생물학자입니다. 또한 생명의 진화 과정을 연구하는 진화 생물학자이기도 합니다.

토마스는 파충류학자입니다. 바다거북이나 이구아나 같은 파충류를 전문적으로 연구합니다. 생물 멸종을 막고 다양성을 보존하는 것이 그가 해야 할 일입니다.

에스테파니아는 해양학자입니다. 해류와 파도 같은 바다의 다양한 물리 현상을 연구합니다. 탐험대의 심해 조종사로 심해 잠수정 키와호를 조종하는 게 그녀의 임무입니다.

레오노라는 어류학자입니다. 물고기를 전문적으로 연구합니다. 탐험대의 수중 촬영가이기도 합니다. 바닷속의 다양한 생물을 카메라에 담을 예정입니다.

술라호에 오신 것을 환영합니다

이 배가 앞으로 몇 주 동안 과학자들이 생활하고 일하게 될 연구선 술라호입니다. 술라호는 갈라파고스 제도의 육지와 바다에 사는 놀라운 야생 생물들을 조사하고 연구하기 위해 섬과 섬 사이를 항해할 것입니다.

저는 이사벨 아코스타예요.
아름다운 배, 술라호의 선장이지요.
여러분에게 이 배를 안내해 드릴게요.

1. 실험실 및 표본실
2. 전망 갑판
3. 망루(커다란 돛대에 설치된 작은 단)
4. 도서실
5. 갤리(주방)
6. 선실
7. 선장실

술라는 갈라파고스에 사는 화려한 새 가운데 하나인 푸른발얼가니새(푸른발부비)의 학명입니다.

8. 조타실(선장이 배를 조종하는 방)
9. 심해 잠수정 키와호
10. 장비실
11. 고무보트
12. 프로펠러
13. 엔진 룸
14. 화장실

잠수 장비를 소개합니다

갈라파고스 주변의 해양 생물들을 연구하기 위해 과학자들은 잠수 장비를 사용해 바닷속의 다양한 깊이에서 작업합니다.

- 스노클
- 잠수 마스크
- 호흡기와 예비 호흡기
- 잠수복
- 잠수 컴퓨터
- 부력 재킷
- 무게 벨트
- 방수 랜턴
- 공기통
- 수중 카메라
- 방수 슬레이트와 연필
- 오리발

스노클링 장비

깊이 : 수면에서 5미터까지

잠수 마스크, 스노클, 오리발만 준비하면 해수면 근처에서 야생 생물들을 간단히 관찰할 수 있습니다. 스노클링은 원하는 만큼 물에 오래 머물 수 있기 때문에 매우 쓸모가 많습니다. 시간제한이 없거든요.

스쿠버 장비

깊이 : 5~30미터

스쿠버 다이버들은 상어나 붉은입술부치처럼 깊은 바다에서만 볼 수 있는 생물들을 연구하기 위해 더 깊은 곳으로 갑니다. 깊이에 따라 다르지만 스쿠버 다이버는 한 시간 정도 물속에 머물 수 있습니다. 다이버들은 커다란 손목시계처럼 생긴 잠수 컴퓨터를 보면서 깊이와 남은 공기 양을 확인합니다.

심해 잠수정 키와호

깊이 : 6,000미터까지

심해 생물과 생태계를 연구하려면 과학자들은 잠수정 키와호를 타고 물속으로 들어가야 합니다. 잠수정은 완전히 밀폐된 금속으로 만들어진 공간입니다. 밖을 내다볼 수 있는 창문이 있고 내부에서 조종할 수 있는 로봇 팔이 있어서 물체를 집어 들거나 과학 실험을 할 수 있습니다. 과학자들은 깊은 바다에 여러 시간 동안 머물 수 있습니다. 물론 밖으로 나갈 수는 없습니다.

크레인이 키와호를 들어서 바다에 내려놓거나 배로 올려놓습니다.

- 3인승 잠수정
- 전조등
- 수중 카메라
- 로봇 팔
- 추진기

갈라파고스에만 살고 있는 생물들을 소개합니다

갈라파고스에는 특별한 야생 생물들이 살고 있습니다. 그래서 갈라파고스는 연구에 매우 중요하고 흥미로운 장소가 되었지요. 레오는 술라 탐험대가 만나게 될 종들에 대해 안내합니다. 그런데 이 중에서 갈라파고스에 사는 식물의 30퍼센트, 육지 새의 80퍼센트, 파충류의 97퍼센트, 해양 생물의 20퍼센트는 오직 갈라파고스에서만 살고 있습니다.

슬프게도 갈라파고스에 살고 있는 많은 생물종들이 멸종 위기에 놓여 있습니다. 많은 고유종들이 좁은 서식지에서만 적은 수로 살아가서 기후 변화, 서식지 파괴 같은 큰 위험에 처해 있기 때문입니다.

자생종은 특정한 지역에 원래부터 살고 있는 생물입니다.

갈라파고스 육지 새의 80퍼센트는 고유종이다.

갈라파고스 식물의 30퍼센트는 고유종이다.

도입종은 사람들이 의도적으로 또는 우연히 들여온 동물과 식물을 말합니다. 갈라파고스에는 1,500종 이상의 도입종이 있습니다. 대부분은 해롭지 않지만 쥐, 고양이, 개, 염소 같은 몇몇 종은 자생종과 고유종을 위협하고 있습니다.

갈라파고스 파충류의 97퍼센트는 고유종이다.

고유종은 오직 한곳에서만 사는 생물입니다.

멸종 위기 등급

과학자들은 살아 있는 개체 수, 개체 수 감소 속도, 서식지의 상태 등을 바탕으로 종의 멸종 위험 정도를 판단합니다.

LC 최소 관심
당분간 멸종할 것 같지 않음.

NT 준위협
장래에 멸종 위험이 높아질 수 있음.

VU 취약
멸종 위험 높음.

EN 위기
멸종 위험 매우 높음.

CR 위급
멸종 위험이 매우 심각하게 높음.

EW 야생 멸종
자연 상태에서는 존재하지 않고 동물원이나 보호 시설에서만 살아 있음.

EX 멸종
살아 있는 개체 없음.

갈라파고스 해양 생물의 20퍼센트는 고유종이다.

펭귄을 연구해요

술다호의 첫 번째 목적지는 페르난디나섬입니다. 이곳에서 술다 탐험대는 갈라파고스의 해엄치는 새, 바로 펭귄을 연구합니다. 탐험대의 주요 임무는 펭귄의 수를 세는 것입니다. 갈라파고스의 모든 펭귄을 세야 합니다. 독히 어린 새끼가 몇 마리인지 아는 것은 매우 중요합니다. 새끼 펭귄이 많으면 펭귄 집단이 건강하다는 뜻이기 때문입니다.

펭귄 새끼

술다 탐험대가 페르난디나섬에서 발견한 펭귄 가운데 거의 절반이 어린 펭귄입니다. 이것은 다 큰 펭귄들이 잘 번식하고 있음을 뜻하지요.

> **페르난디나섬**
> 갈라파고스 제도에서 세 번째로 크고 가장 젊은 섬.
> 면적 : 642평방킬로미터
> 최고 높이 : 1,467미터
> 인구 : 0

새끼들은 어미들과 다르게 생겼습니다. 아직 뺨에 흰색 선이 없고 가슴에서 발끝까지 이어지는 어두운 띠도 없습니다.

펭귄은 물 위로 머리를 내밀고 천천히 헤엄치기 때문에 발견하기 쉽습니다.

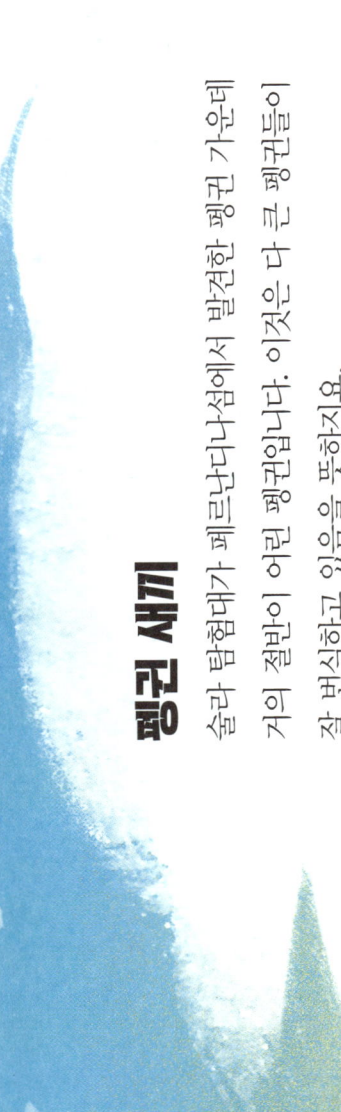

펭귄 사진

펭귄의 배에 있는 무늬는 사람의 지문과 같습니다. 펭귄마다 무늬가 다 다르거든요. 술라 탐험대는 이전에 다른 과학자들이 페르난디나섬 주변에서 발견한 모든 펭귄의 사진 목록을 가지고 있습니다. 따라서 자신들이 찍은 펭귄 사진과 목록을 대조해 봄으로써 같은 펭귄이 지금도 있는지 알아낼 수 있습니다. 사진이 있으면 펭귄이 이곳에서 얼마나 오래 살고 있는지 알 수 있습니다.

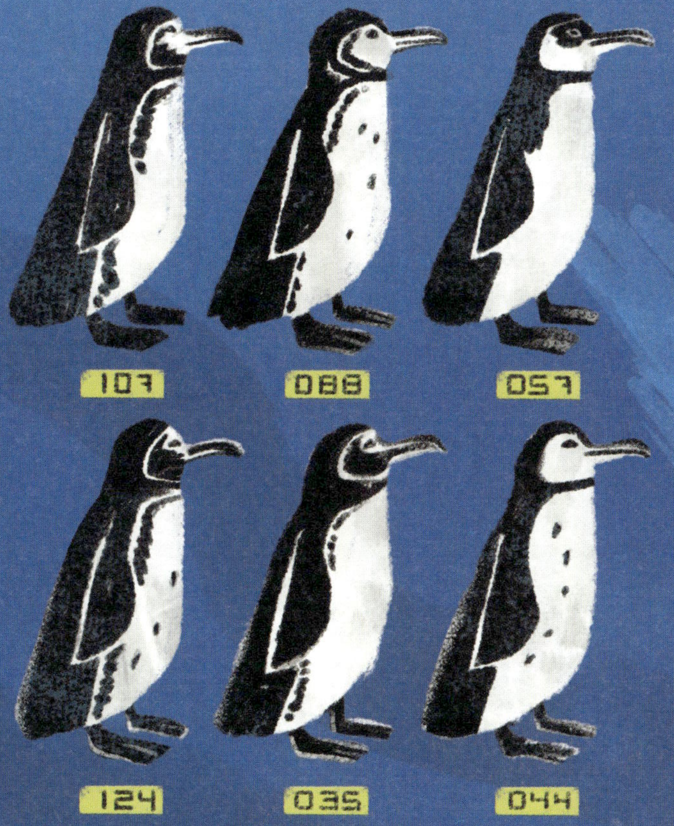

갈라파고스펭귄

크기 : 50~55센티미터
수명 : 20년
EN 위기

펭귄 촬영하기

펭귄은 잠수해서 정어리와 멸치 같은 작은 물고기를 사냥합니다. 펭귄은 시속 30킬로미터 이상으로 헤엄칠 수 있습니다. 스쿠버 다이버의 임무는 물속에서 헤엄치는 펭귄을 촬영하는 것입니다.

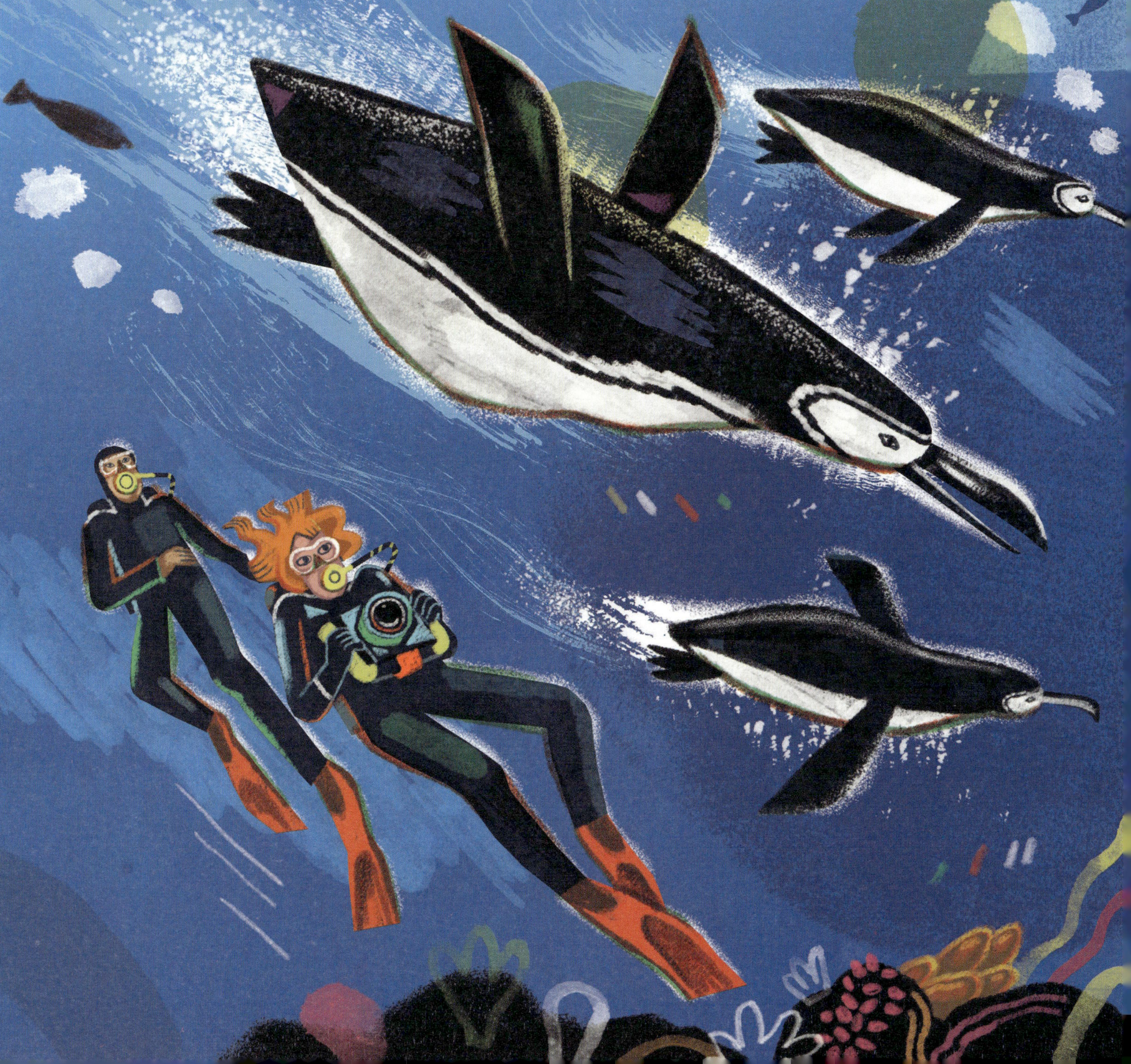

뱀상어에게 위성 추적 장치를 달아요

이사벨라섬에서 술라 탐험대는 바다에서 가장 큰 사냥꾼들 가운데 하나인 뱀상어를 찾습니다. 이들의 임무는 뱀상어에게 위성 추적 장치를 달아 뱀상어가 어디로 가는지 추적하는 것입니다.

뱀상어 추적하기

뱀상어를 배 쪽으로 유인하기 위해 과학자들은 썩은 생선 머리와 내장이 담긴 양동이를 바다에 던집니다. 이 미끼를 첨이라고 합니다. 뱀상어가 첨 냄새에 끌려 가까이 오면 과학자들은 조심스럽게 낚싯줄로 뱀상어를 잡습니다. 뱀상어가 배 옆으로 오면 과학자들은 뱀상어를 거꾸로 뒤집습니다. 그러면 마치 잠이 든 것처럼 가만히 있는데 이것을 강직성 부동 상태라고 합니다. 이때 뱀상어의 주둥이에서 꼬리까지 길이를 재고 등지느러미에 위성 추적 장치를 단 후 다시 뱀상어를 풀어 줍니다.

뱀상어
크기 : 5.5미터
수명 : 미확인
NT 준위협

위성 추적 장치

이 작은 장치는 스마트폰의 GPS 추적기 같은 역할을 합니다. 뱀상어에 달아 놓은 추적 장치는 12시간마다 위치를 기록하고 우주에 있는 인공위성을 통해 술라호에 있는 에스테파니아의 컴퓨터로 전송합니다. 이 위치들을 연결하여 뱀상어가 어디로 헤엄쳤는지 지도를 만들 수 있습니다.

주변을 맴도는 뱀상어

뱀상어는 전 세계의 열대와 아열대 바다에 삽니다. 어떤 뱀상어는 이동성이 커서 수천 킬로미터를 여행합니다. 하지만 술라 탐험대가 추적 장치를 단 뱀상어는 멀리 헤엄치지 않습니다. 다른 뱀상어와 마찬가지로 섬 가까이에 머물고 있습니다. 갈라파고스에 먹을 게 많기 때문입니다. 갈라파고스에는 푸른바다거북도 많이 삽니다. 갈라파고스 해양 보호청은 푸른바다거북과 뱀상어가 어부들에게 잡히지 않도록 보호하는 일을 훌륭하게 해내고 있습니다.

이사벨라 섬

갈라파고스에서 가장 큰 섬.
면적 : 4,670평방킬로미터
최고 높이 : 1,707미터
인구 : 1,800명

개복치들은 왜 모였을까요?

이사벨라섬의 북쪽 끝에는 푼타 빈센테 로사라는 바위가 있습니다.
괭이상어를 찾던 술라 탐험대는 이곳에서 놀라운 생명체와 마주쳤습니다.
개복치 떼가 그들 앞을 지나쳤거든요.

보통 개복치는 혼자 다닙니다. 떼로 몰려다니지 않지요.
그런데 지금은 먹기 위해 모였습니다. 빨간 놀래기 떼와 노란 놀래기 떼는
죽은 피부 세포와 그 세포에 있는 기생충을 갉아 먹습니다.

개복치
크기 : 3.3미터까지 자람.
수명 : 알 수 없음.
VU 취약

개복치는 세계에서 가장 큰 경골어류입니다(상어가
더 크지만 상어는 뼈 대신 연골이 있는 연골어류입니다).
개복치는 해파리를 탐욕스럽게 먹습니다.

똑똑한 사냥꾼 바다사자를 아나요?

술라 탐험대는 이사벨라섬의 어떤 만 근처에 멈췄습니다. 아주 특이한 움직임을 연구하기 위해서입니다. 몇 년 전 어부들이 갈라파고스 바다사자가 평소에 좋아하던 정어리 대신 황다랑어를 쫓는 것을 목격했습니다. 황다랑어는 바다에서 가장 빠른 물고기 가운데 하나입니다. 황다랑어를 사냥하기 위해 바다사자들은 팀을 구성하는 법을 배웠습니다. 오스카는 바다사자의 사냥에 대해 자세히 알아보기 위해 바다사자가 사냥하는 모습을 수중 촬영했습니다.

황다랑어를 사냥하는 법

1단계 : 3~6마리의 바다사자가 좁은 만 입구를 순찰합니다.

2단계 : 황다랑어 떼가 지나가면 바다사자는 지그재그로 움직이거나 위아래로 움직여 물고기를 만 안으로 몰아넣습니다.

바다사자

크기 : 암컷 2미터, 수컷 2.5미터
수명 : 15~20년
EN 위기

4단계 : 바다사자는 황다랑어 떼를 해안가로 몰아붙여서 황다랑어들을 미쳐 날뛰게 만듭니다. 가장 큰 바다사자가 먼저 황다랑어를 먹습니다. 그다음에는 어린 바다사자가 남은 부스러기와 꼬리를 먹지요. 상어, 군함조, 매, 펠리컨도 이 잔치에 참여합니다.

3단계 : 다른 바다사자들은 황다랑어가 탈출하지 못하게 만의 입구를 막습니다.

갈라파고스 바다사자가 황다랑어를 사냥하는 이유는 아직 분명하지 않습니다. 과학자들은 바다가 따뜻해지면서 원래 먹던 정어리 사냥이 힘들어졌기 때문이라고 추측하고 있지요.

금지된 어업 방식을 멈춰 주세요

술라 탐험대는 어부 두 명이 물속에서 무언가를 배로 옮기는 장면을 목격했습니다. 떠다니는 나무와 플라스틱이 엉켜 있는 것들이었습니다. 탐험대는 더 자세히 보기 위해 가까이 다가갔습니다.

집어 장치는 지속 불가능한 어업 방식입니다. 작은 물고기들이 참치, 황새치, 상어 같은 커다란 물고기들을 피해 집어 장치 주변으로 헤엄쳐 들어와서 피신합니다. 그러면 어선이 커다란 그물을 끌고 와서 작은 물고기 떼를 잡아 올립니다. 이때 거북, 돌고래, 바다사자까지 모두 잡힙니다. 갈라파고스 해양 보호 구역에서는 집어 장치 사용이 금지되어 있습니다. 하지만 보호 구역 바로 바깥에서는 수백 척의 대형 산업 어선이 집어 장치를 사용합니다. 어선이 걷어 가지 않은 집어 장치들이 바다에 떠다니기도 합니다.

해양 보호 구역 가운데 작은 곳에서는 소규모 어업이 허용됩니다. 하지만 물고기와 바닷가재를 잡을 때는 지속 가능한 방법으로만 잡아야 합니다. 어부들은 집어 장치를 바다에 버리지 않고 걷어 와서 플라스틱을 재활용하여 닭장과 해먹을 만듭니다.

1998년에 지정된 갈라파고스 해양 보호 구역은 그 당시에 세계에서 두 번째로 큰 규모였습니다. 이제는 서른세 번째로 밀려났습니다.

갈라파고스 주변 바다는 보호가 잘 되어 있고 해양 생물로 가득 차 있습니다. 하지만 먼 길을 떠나야 하는 이동성 생물들은 안전하지 않습니다. 산업 어선이 보호 구역 바로 바깥에서 이들을 기다렸다가 잡기 때문입니다.

분홍이구아나를 연구해요

갈라파고스에는 여러 종류의 이구아나가 살고 있습니다. 분홍이구아나는 매우 희귀한 종입니다. 겨우 200여 마리만 남았지요. 모두 이사벨라섬의 울프 화산 기슭에 살고 있습니다. 술라 탐험대는 분홍이구아나를 연구하기 위해 걸어서 찾아갑니다.

카메라 촬영

토마스는 희귀한 이구아나가 어떻게 지내는지 조사하기 위해 화산 꼭대기 근처에 카메라를 설치합니다. 토마스는 외부에서 들어온 쥐와 길고양이가 이구아나 알과 갓 태어난 새끼를 잡아먹는다고 생각합니다.

이구아나가 분홍색으로 보이는 이유는 피부에 색이 없고 투명해서 그 피부 밑으로 흐르는 피가 비치기 때문입니다.

분홍이구아나에 대해서는 알려진 게 별로 없습니다. 이들은 선인장 잎과 과일을 먹습니다.

분홍이구아나
크기 : 1.2미터
수명 : 모름.

CR 위급

2015년 울프 화산이 폭발했을 때 용암이 동쪽과 남동쪽으로 흘렀습니다. 북쪽과 서쪽에 살고 있는 이구아나들은 피해가 없었습니다. 2022년에도 울프 화산이 폭발했지만 다행히 이구아나를 피해 갔습니다.

울프 화산
생긴 지 50만 년이 채 되지 않았음.
높이 : 1,707미터

플랑크톤을 연구해요

술라 탐험대는 남쪽으로 항해하며 섬 사이를 누비면서 바닷속 작은 생명체인 플랑크톤을 연구합니다. 이 작은 생명체는 갈라파고스 주변의 생명체들에 대한 비밀을 간직하고 있습니다.

깊은 바다에서 흐르던 차가운 해류가 서쪽에서 몰려와 갈라파고스로 들이닥칩니다. 적도 잠류라고 부르는 해류입니다. 이 해류가 섬에 부딪히면 물 위쪽으로 올라오면서 많은 영양분을 옮깁니다. 이것들은 식물성 플랑크톤의 영양분이 되지요. 마치 육지의 작물에 비료를 뿌려서 뿌리가 잘 자라도록 돕는 것과 같은 효과입니다. 플랑크톤이 많은 바다는 섬을 둘러싼 바다 생명들에게 풍성한 먹이를 공급해 줍니다.

식물성 플랑크톤을 동물성 플랑크톤이 먹습니다.

동물성 플랑크톤을 정어리가 먹습니다.

정어리를 바다사자와 펭귄이 먹습니다.

현미경 조사

술라 탐험대는 촘촘한 그물을 내려서 식물성 플랑크톤과 동물성 플랑크톤을 잡습니다. 그런 다음 현미경으로 연구합니다. 탐험대는 기계 장치를 사용하여 물의 온도를 측정하고 물속의 영양분을 조사합니다. 플랑크톤이 잘 자랄 수 있는 조건을 찾는 것입니다.

식물성 플랑크톤은 태양 에너지와 바닷물에 녹아 있는 영양분을 이용하여 자라는 아주 작은 말무리입니다. 말무리는 꽃을 피우지 않는 식물의 한 갈래로, 물속에 살고 뿌리, 줄기, 잎이 구별되지 않습니다.

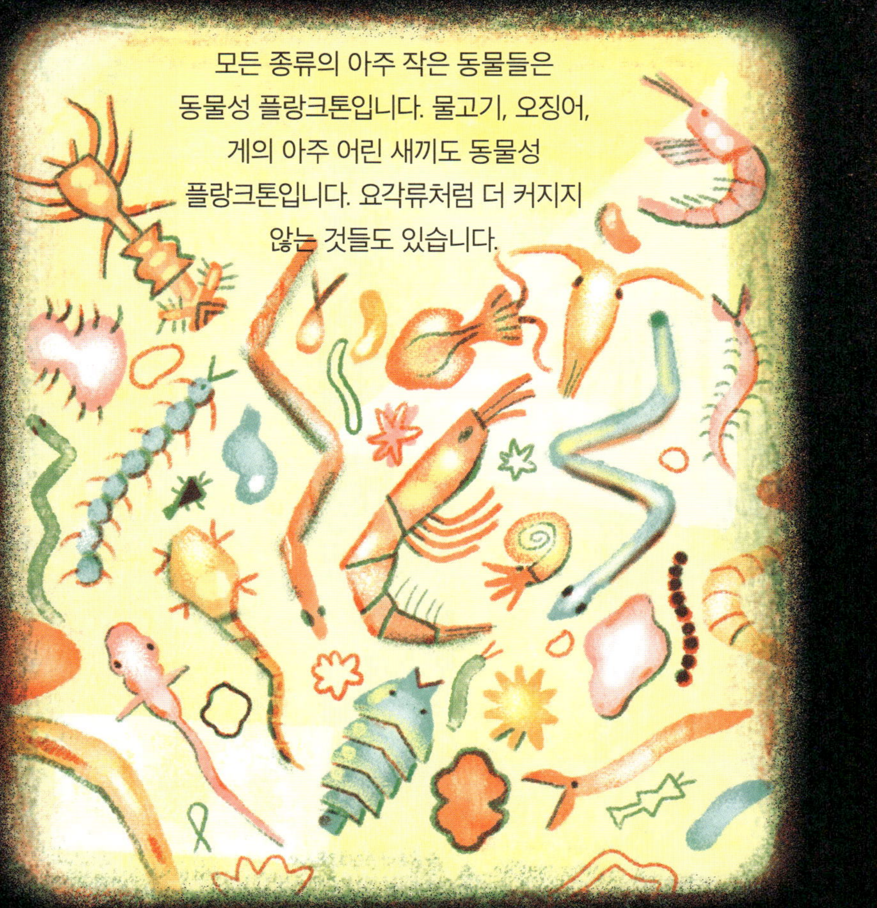

모든 종류의 아주 작은 동물들은 동물성 플랑크톤입니다. 물고기, 오징어, 게의 아주 어린 새끼도 동물성 플랑크톤입니다. 요각류처럼 더 커지지 않는 것들도 있습니다.

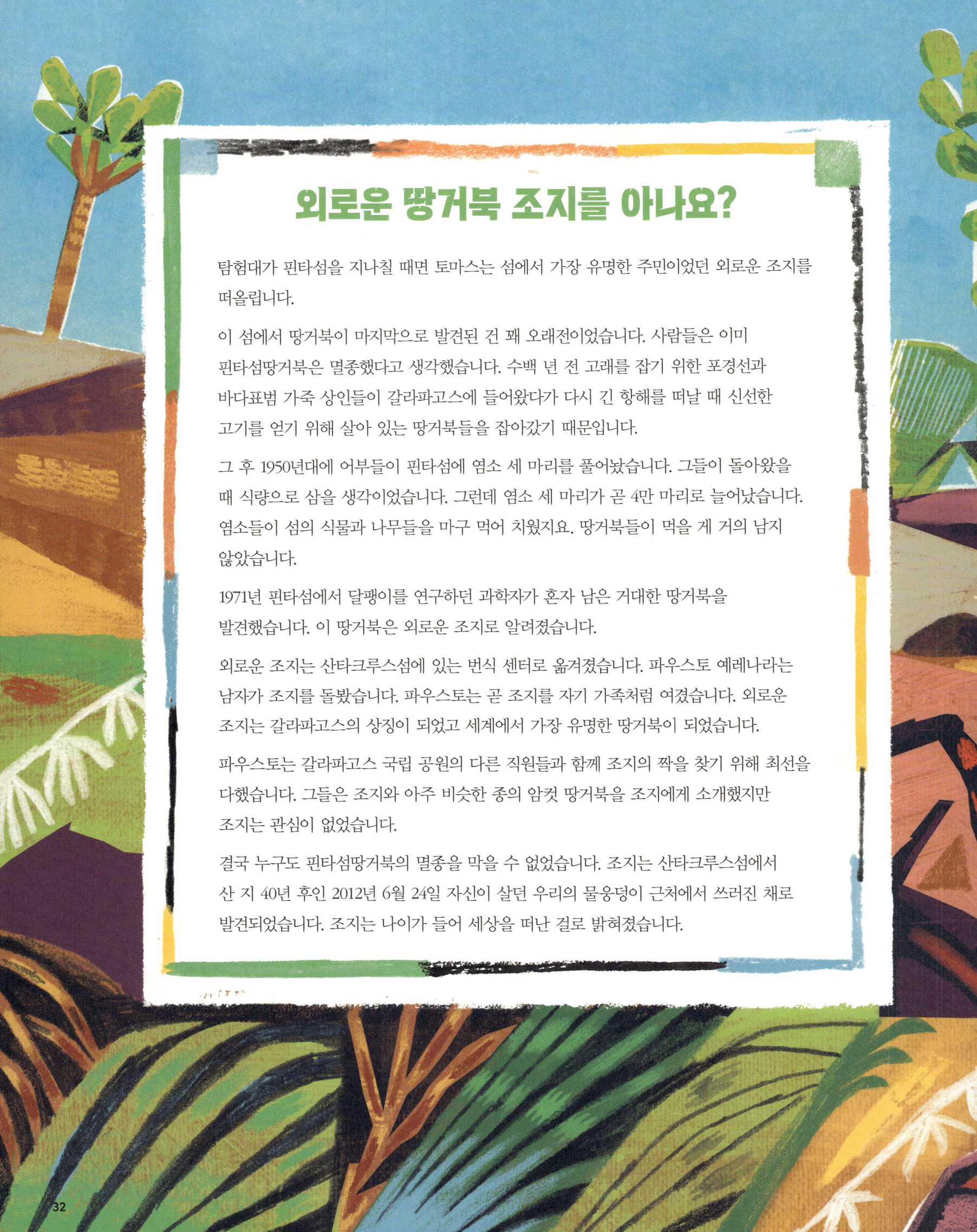

외로운 땅거북 조지를 아나요?

탐험대가 핀타섬을 지나칠 때면 토마스는 섬에서 가장 유명한 주민이었던 외로운 조지를 떠올립니다.

이 섬에서 땅거북이 마지막으로 발견된 건 꽤 오래전이었습니다. 사람들은 이미 핀타섬땅거북은 멸종했다고 생각했습니다. 수백 년 전 고래를 잡기 위한 포경선과 바다표범 가죽 상인들이 갈라파고스에 들어왔다가 다시 긴 항해를 떠날 때 신선한 고기를 얻기 위해 살아 있는 땅거북들을 잡아갔기 때문입니다.

그 후 1950년대에 어부들이 핀타섬에 염소 세 마리를 풀어놨습니다. 그들이 돌아왔을 때 식량으로 삼을 생각이었습니다. 그런데 염소 세 마리가 곧 4만 마리로 늘어났습니다. 염소들이 섬의 식물과 나무들을 마구 먹어 치웠지요. 땅거북들이 먹을 게 거의 남지 않았습니다.

1971년 핀타섬에서 달팽이를 연구하던 과학자가 혼자 남은 거대한 땅거북을 발견했습니다. 이 땅거북은 외로운 조지로 알려졌습니다.

외로운 조지는 산타크루스섬에 있는 번식 센터로 옮겨졌습니다. 파우스토 예레나라는 남자가 조지를 돌봤습니다. 파우스토는 곧 조지를 자기 가족처럼 여겼습니다. 외로운 조지는 갈라파고스의 상징이 되었고 세계에서 가장 유명한 땅거북이 되었습니다.

파우스토는 갈라파고스 국립 공원의 다른 직원들과 함께 조지의 짝을 찾기 위해 최선을 다했습니다. 그들은 조지와 아주 비슷한 종의 암컷 땅거북을 조지에게 소개했지만 조지는 관심이 없었습니다.

결국 누구도 핀타섬땅거북의 멸종을 막을 수 없었습니다. 조지는 산타크루스섬에서 산 지 40년 후인 2012년 6월 24일 자신이 살던 우리의 물웅덩이 근처에서 쓰러진 채로 발견되었습니다. 조지는 나이가 들어 세상을 떠난 걸로 밝혀졌습니다.

외로운 조지는 엔들링입니다.
엔들링은 어떤 종 혹은 어떤
아종의 마지막 개체를 말합니다.

향고래의 딸깍 소리는 무슨 뜻일까요?

거대한 동물 무리가 갈라파고스에 몰려옵니다. 가장 풍성한 바닷속 잔치에 참여하는 것이지요. 섬과 섬 사이의 넓은 바다에 배가 떠 있을 때 오스카는 수중 청음기를 내려서 그들의 소리를 듣습니다.

향고래는 딸깍거리는 소리로 의사소통을 합니다. 우리 귀에는 끈적끈적한 테이프가 뜯기는 소리처럼 들리는데 엄청나게 큰 소리입니다. 수백, 수천 마리의 향고래가 각각의 무리를 지어서 삽니다. 각 무리에 속한 고래들이 내는 딸깍 소리는 비슷합니다. 여러 곳에서 온 고래 무리가 각자 고유의 억양으로 대화를 하네요.

고래마다 특정한 반복적인 딸깍 소리가 있어요. 이것을 코다라고 하는데 마치 이름 같은 것입니다.

향고래 소리는 수백 킬로미터 떨어진 곳에서도 들립니다. 이 소리는 몸집의 3분의 1 이상을 차지하는 거대한 코에서 나오지요. 향고래의 코는 동물들의 코 가운데 가장 큽니다.

안녕!

갈라파고스 억양을 가진 고래

오스카가 기록한 향고래의 딸깍 소리는 20년 전 다른 과학자들이 갈라파고스에서 기록한 소리와 다릅니다. 이 고래들은 억양을 바꾸지 않았지만 무리는 이동했습니다. 오래된 무리는 떠났고 새로운 두 무리가 도착했습니다. 소리가 다른 이유는 아무도 모릅니다.

먹으러 가자!

고래 대화 이해하기

하지만 오스카가 알고 싶은 것은 따로 있습니다. 고래들은 서로 무슨 말을 하는 걸까요? 오스카는 고래의 딸깍 소리를 해독하기 위해 고래 소리를 녹음하면서 동시에 영상도 촬영합니다. 고래가 잠수하고 사냥하고 함께 어울려 노는 모습을 보고 들으면서 딸깍 소리들이 무엇을 의미하는지 알아내려고 합니다.

나를 따르라!

범고래 같은 포식자의 위협을 받은 향고래는 가끔 급하게 똥을 싸기도 합니다. 물속에 갈색 똥구름이 퍼져서 포식자가 헷갈려 할 때에 향고래는 탈출할 기회를 얻지요.

안녕!

향고래
크기 : 16~20미터
수명 : 70년 이상
VU 취약

엘니뇨와 라니냐는 어떤 영향을 미칠까요?

자연적인 기후 순환은 태평양 전역의 기온과 날씨에 영향을 미칩니다.
이 순환 주기에는 서로 다른 단계가 있습니다. 엘니뇨와 라니냐가 그것입니다.

엘니뇨가 발생하면 태평양 해류의 이동 경로가 바뀌면서 바닷물이 따뜻해집니다. 많은 해양 생물들이 살기 어려운 환경이 되지요. 바닷물이 너무 따뜻해지면 그레이트 배리어 리프 같은 곳에서 자라는 산호가 스트레스를 받아 죽게 됩니다. 이것을 산호 백화 현상이라고 합니다.

바람의 방향이 바뀝니다.

엘니뇨가 갈라파고스에 더 많은 비와 폭풍을 가져옵니다.

거대한 데이지나무 숲이 평평해지고 그 자리에 블랙베리 덤불이 자랍니다.

펭귄, 바다사자, 바다이구아나, 가마우지가 먹을 게 줄어듭니다.

바닷물이 따뜻해집니다.

영양분이 적어져서 물고기도 줄어듭니다.

해초가 줄어듭니다.

찬 바닷물이 솟아오르는 현상이 약해집니다.

위험에 빠진 동물들

극심한 엘니뇨 현상이 일어난 다음에 갈라파고스 주변의 생물들은 큰 타격을 입었습니다. 1983년에는 펭귄의 77퍼센트가 죽었습니다. 1998년에는 일부 섬의 바다이구아나 가운데 90퍼센트가 죽었습니다. 지난 40년 동안 슈퍼 엘니뇨가 세 번이나 발생했습니다. 과학자들은 기후 변화 때문에 엘니뇨가 더 자주 발생할 것이라고 예측합니다.

갈라파고스신천옹은 왜 먼 거리를 여행할까요?

술라호는 갈라파고스 남동쪽 끝에 있는 에스파뇰라섬에 도착합니다. 이곳은 세계에서 유일하게 갈라파고스신천옹이 새끼를 키우는 곳입니다. 이 거대한 새들은 물고기 사냥을 하기 위해 1년 내내 바다 위를 날아다니며 먼 거리를 여행합니다. 하지만 지금은 짝짓기 철이 한창입니다. 술라 탐험대는 새로 태어난 새끼 수를 세기 시작했습니다.

갈라파고스에서는 이 새를 '물결무늬 알바트로스'라고 부릅니다. 어미 날개에 물결무늬가 있거든요.

암컷은 알을 한 개만 낳으며 부화하는 데 최대 2달이 걸립니다.

갈라파고스신천옹
날개 폭 : 2.5미터
수명 : 30년
CR 위급

갈라파고스신천옹 생애 주기

1. 태어난 지 5개월 반이 되면 새끼들은 가파른 절벽을 이용해 하늘로 날아오르는 비행술을 배웁니다.

2. 비행술을 배운 새끼들은 바다에서 6년을 지내다가 짝을 찾기 위해 에스파놀라섬으로 돌아옵니다.

3. 갈라파고스신천옹은 평생 한 마리의 짝과 함께 지냅니다.

에스파놀라섬
갈라파고스에서 가장 오래된 섬 가운데 하나로, 약 350만 년 전에 생김.
면적 : 60평방킬로미터
최고 높이 : 206미터
인구 : 0

거대땅거북 수가 늘어났어요

멀리서 보면 에스파뇰라섬 전체에 바위가 흩어져 보입니다. 이것은 세계에서 가장 성공한 포획 사육 프로그램들 중 하나의 결과물입니다. 바위처럼 보이는 것은 멸종 위기에서 다시 살아난 에스파뇰라거대땅거북입니다. 외로운 조지처럼 에스파뇰라거대땅거북도 큰 위험에 처했던 적이 있습니다. 염소들이 서식지를 파괴하고 땅거북이 좋아하는 선인장을 먹어 치웠기 때문입니다.

이야기는 1960년대에 겨우 열다섯 마리밖에 남지 않은 에스파뇰라거대땅거북에서 시작합니다. 디에고라는 수컷이 있었습니다. 디에고는 다른 열네 마리의 땅거북과 함께 번식 센터로 옮겨졌습니다. 여기서 그들은 새끼를 낳기 시작했습니다. 정말 많은 새끼를 낳았습니다.

디에고는 1,000마리가 넘는 땅거북의 아빠입니다.

에스파뇰라거대땅거북
크기 : 1.5~1.8미터
수명 : 100년 이상
CR 위급

새끼들이 스스로 자신을 지킬 만큼 자라면 에스파뇰라섬으로 옮겨 풀어 주었습니다. 이제는 2,300마리 이상의 땅거북이 섬을 돌아다니고 있습니다. 모두 디에고와 다른 땅거북의 자식과 손자, 손녀 들입니다.

땅거북 보호 활동가들은 멸종 위기에 처한 백년초 선인장을 다시 에스파뇰라섬에 심고 선인장을 먹는 염소를 다른 곳으로 이동시켰습니다. 땅거북은 이제 스스로 살 수 있을 것입니다.

디에고와 그의 친구들도 여전히 살아 있습니다. 땅거북은 100년 이상 살 수 있거든요. 이들은 2020년에 고향 에스파뇰라섬으로 돌아갔습니다.

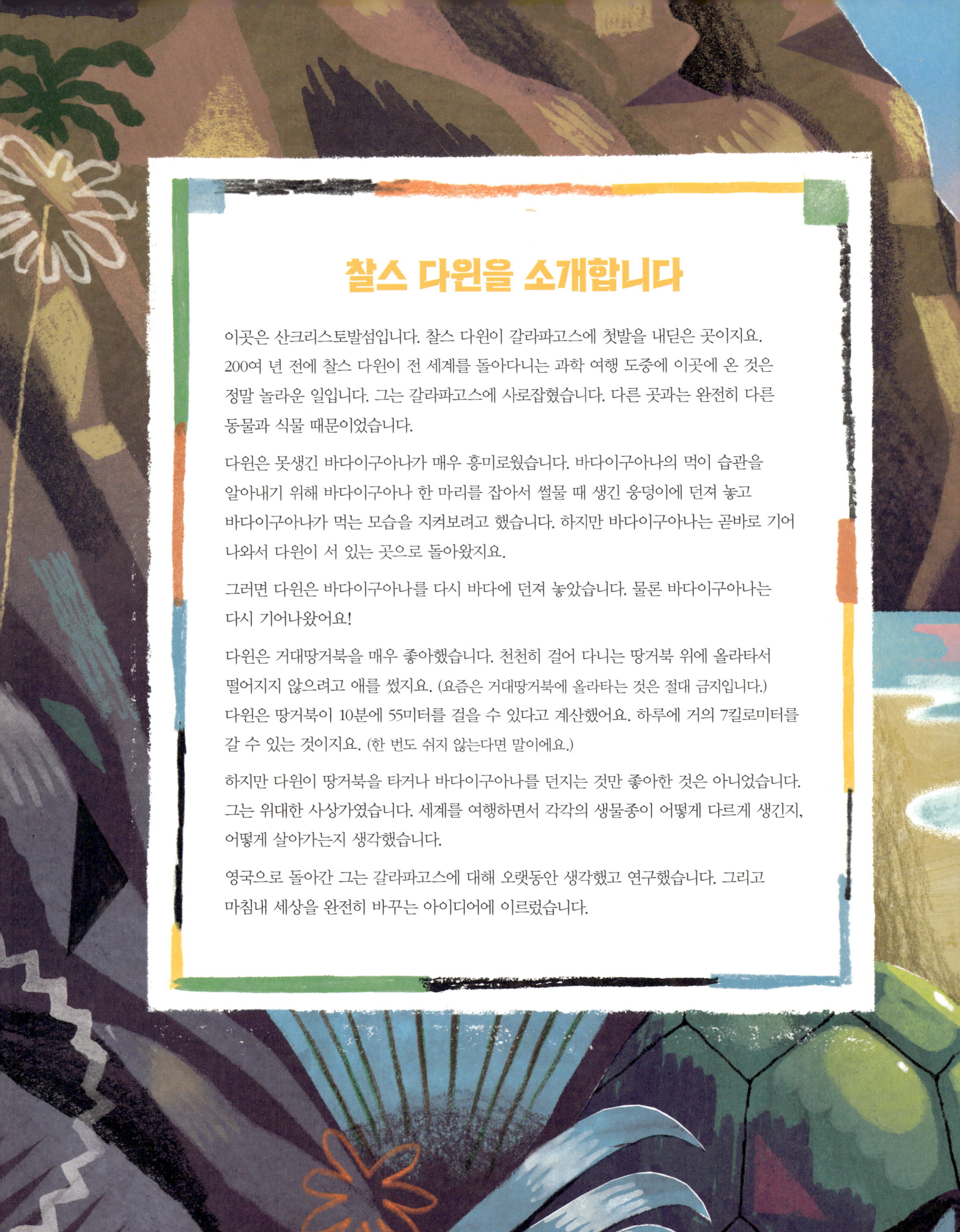

찰스 다윈을 소개합니다

이곳은 산크리스토발섬입니다. 찰스 다윈이 갈라파고스에 첫발을 내딛은 곳이지요. 200여 년 전에 찰스 다윈이 전 세계를 돌아다니는 과학 여행 도중에 이곳에 온 것은 정말 놀라운 일입니다. 그는 갈라파고스에 사로잡혔습니다. 다른 곳과는 완전히 다른 동물과 식물 때문이었습니다.

다윈은 못생긴 바다이구아나가 매우 흥미로웠습니다. 바다이구아나의 먹이 습관을 알아내기 위해 바다이구아나 한 마리를 잡아서 썰물 때 생긴 웅덩이에 던져 놓고 바다이구아나가 먹는 모습을 지켜보려고 했습니다. 하지만 바다이구아나는 곧바로 기어 나와서 다윈이 서 있는 곳으로 돌아왔지요.

그러면 다윈은 바다이구아나를 다시 바다에 던져 놓았습니다. 물론 바다이구아나는 다시 기어나왔어요!

다윈은 거대땅거북을 매우 좋아했습니다. 천천히 걸어 다니는 땅거북 위에 올라타서 떨어지지 않으려고 애를 썼지요. (요즘은 거대땅거북에 올라타는 것은 절대 금지입니다.) 다윈은 땅거북이 10분에 55미터를 걸을 수 있다고 계산했어요. 하루에 거의 7킬로미터를 갈 수 있는 것이지요. (한 번도 쉬지 않는다면 말이에요.)

하지만 다윈이 땅거북을 타거나 바다이구아나를 던지는 것만 좋아한 것은 아니었습니다. 그는 위대한 사상가였습니다. 세계를 여행하면서 각각의 생물종이 어떻게 다르게 생긴지, 어떻게 살아가는지 생각했습니다.

영국으로 돌아간 그는 갈라파고스에 대해 오랫동안 생각했고 연구했습니다. 그리고 마침내 세상을 완전히 바꾸는 아이디어에 이르렀습니다.

다윈의 책, 『종의 기원』을 소개합니다

찰스 다윈은 갈라파고스를 떠난 지 20년도 더 지난 후에야 역사상 가장 유명한 과학책 가운데 하나를 완성했습니다. 바로 『종의 기원』입니다. 이 책에서 다윈은 생물종이 어떻게 진화하고, 지구에는 왜 다양한 동물과 식물이 가득한지 설명했습니다. 다윈이 갈라파고스에서 본 야생 생물들이 그의 이론에 큰 영감을 주었지요.

다윈은 갈라파고스의 동물과 식물이 남아메리카에서 왔음을 깨달았습니다. 동물들은 날거나 헤엄쳐서 또는 떠내려가는 통나무를 타고 왔지요. 식물들은 새의 발에 달라붙거나 씨앗일 때 바람에 날려서 도착했습니다.

새로 도착한 동물과 식물들은 점차 갈라파고스의 환경에 적응했습니다.

적도 근처의 더운 기후에서 사는 갈라파고스펭귄은 그들의 조상보다 크기가 점점 작아지고 깃털 수도 점점 줄어드는 쪽으로 진화했습니다. 펭귄은 또 지느러미팔로 검은 발에 그림자를 드리워서 체온을 시원하게 유지하는 방법도 배웠습니다.

펭귄과 가마우지가 갈라파고스에 도착하고 나서 크기가 작아지거나 날개가 짧아진 것은 아닙니다. 여러 세대에 걸쳐서 펭귄의 몸과 가마우지 날개의 평균 크기가 작아진 것이지요.

가마우지가 갈라파고스에 도착했을 때 땅에는 가마우지를 잡아먹으려는 포식자가 없었습니다. 가마우지는 더 이상 날 필요가 없었지요. 시간이 지나면서 가마우지의 날개는 점차 짧아졌습니다. 그러다가 결국 날 수 없게 되었지요. 대신 헤엄을 쳐서 에너지를 절약했습니다.

다윈은 책에서 수백만 년에 걸쳐 종이 조금씩 변하면서 새로운 종으로 진화하는 방법을 설명합니다. 이 과정을 자연 선택이라고 합니다. 그 지역의 조건에 잘 맞는 생명체는 살아남아서 후손들에게 쓸모 있는 특성을 넘겨줍니다. 시간이 지나면서 생김새와 행동이 서로 다른 새로운 종으로 분리되지요.

또 다른 위대한 사상가

앨프리드 러셀 월리스는 찰스 다윈과 같은 시기에 비슷한 진화 이론을 내놓은 과학자입니다. 그는 인도네시아 섬의 야생 생물을 연구하면서 아이디어를 얻었습니다.

핀치새의 부리가 달라진 이유를 아나요?

찰스 다윈의 이론에 영감을 준 작은 새들이 있습니다. 과학자들은 이 새들을 연구하고 종의 변화와 진화에 대해 더 많이 알기 위해 여전히 갈라파고스에 갑니다. 갈라파고스에는 14종의 핀치새가 있는데 부리 모양이 모두 다르게 생겼습니다.

어떤 핀치새는 부리가 크고 뭉툭합니다. 단단한 씨앗을 으깨는 데 좋지요.

어떤 핀치새는 부리가 작아서 작은 씨앗을 먹거나 꽃에서 꿀을 모으는 데 좋습니다.

나뭇가지를 줍고 나뭇가지에서 벌레를 파내는 데 좋은 부리를 가진 핀치새도 있습니다.

진화는 계속된다

로즈마리 그랜트와 피터 그랜트 부부는 40년 동안 매년 다프네라는 작은 섬을 방문하여 핀치새를 연구했습니다. 부부는 두 딸 탈리아와 니콜라를 데리고 갔습니다. 소녀들은 바다사자 새끼의 친구가 되고 푸른발얼가니새를 위해 바이올린을 연주하고 부모의 과학 연구를 도왔습니다. 여러 해가 지나면서 그랜트 부부는 핀치새의 부리가 변하는 것을 목격했습니다. 새들이 새로운 종으로 진화하기 시작한 것이지요.

1977년 극심한 가뭄이 들자 새들은 커다란 씨앗만 구할 수 있었습니다. 부리가 커다란 새들만 이 씨앗을 먹을 수 있었습니다. 다음 세대는 살아남은 새들로부터 더 큰 부리를 물려받았습니다. 핀치새의 부리는 점차 더 커졌습니다.

> **다프네섬**
> 크기 : 0.5평방킬로미터 이하
> 최고 높이 : 120미터
> 인구 : 0 (그랜트 가족이 머물 때는 4명)

1982년 엘니뇨가 닥쳤습니다. 비가 퍼부었고 다프네섬 전체에 덩굴이 자랐고 과일과 씨앗이 많이 떨어졌습니다. 이때 부리가 작아서 부드럽고 작은 씨앗을 먹기 좋은 핀치새들이 살아남았습니다. 엘니뇨 이후 핀치새의 부리는 더 작아졌습니다.

그랜트 부부는 눈앞에서 벌어지는 진화를 목격했습니다. 사람들이 생각했던 것보다 훨씬 빨리 진행되었지요. 수백만 년이 아니라 불과 몇 년 만에, 불과 몇 세대 만에 새가 진화한 것입니다. 찰스 다윈이 이 소식을 들었다면 정말 놀랐겠지요.

가득장어는 바다 밑바닥에서 튀어나온 긴 풀줄기처럼 보입니다. 위험을 느끼면 굴속으로 미끄러져 들어갑니다.

자이언트호크피시

코르테즈무지개놀래기

붉은입술부치

숨바꼭질 탐험대는 지난 몇 년 동안 같은 장소에서 산호초 사진을 찍었습니다. 이렇게 하면 시간이 흐르면서 산호가 어떻게 변했는지 추적할 수 있지요.

갈라파고스는 산호가 자라기 힘든 곳입니다. 산호는 변화가 없고 따뜻한 환경을 좋아하는데 이곳은 온도가 계속 변하거든요. 특히 엘니뇨가 올 때는 더 심합니다. 1982~1983년에 엘니뇨 때문에 갈라파고스 산호의 90퍼센트가 사라졌습니다. 산호는 스트레스를 받아 죽어 있고, 산호 안에 사는 다양한 말무리도 하얗게 변해서 죽었습니다.

미래 내다보기

산호는 산성을 좋아하지 않습니다. 산성 환경에서는 산호가 자라기 어렵거든요. 엄마의 윗판 바다는 이산화탄소가 아래에서 위로 올라오기 때문에 자연적으로 산성 환경이 됩니다. 하지만 여전히 산호가 살아 있어요. 그렇다면 우리가 화석 연료를 태울 때 방출되는 이산화탄소를 더 많이 흡수하여 산호가 높아진 다음 바다에서는 산호가 어떻게 될까요? 갈라파고스 산호를 통해서 그것을 연구하고 있습니다.

1982~1983년 이후의 산호

1982~1983년 이전의 산호

멸종 위기 생물들을 살펴보세요

술라 탐험대는 플로레아나섬에서 자이언트데이지나무 숲을 탐사하면서 멸종 위기 종을 찾고 있습니다. 이 섬에 살고 있는 생물 중 54종이 멸종 위기에 처해 있습니다. 일부는 이미 사라졌고 갈라파고스의 다른 섬에 몇 마리만 살아남은 종도 있습니다.

플로레아나흉내지빠귀

크기 : 25센티미터

수명 : 알 수 없음.

EN 위기

EX 플로레아나섬에서는 멸종

찰스 다윈이 갈라파고스에서 발견한 4종의 흉내지빠귀는 다윈이 진화 이론을 세우는 데 큰 도움이 되었습니다. 흉내지빠귀는 찰스 다윈이 플로레아나섬을 방문한 지 얼마 되지 않아 섬에서 사라졌습니다. 흉내지빠귀는 다른 동물의 소리를 흉내 내지만 갈라파고스에 사는 흉내지빠귀들은 그렇지 않습니다. 흉내지빠귀의 조상들이 갈라파고스로 옮겨 온 다음에 생긴 변화 가운데 하나입니다.

다윈플라이캐처

크기 : 13센티미터

수명 : 5년

VU 취약

EX 플로레아나섬에서는 멸종

다윈은 갈라파고스에 방문했을 때 4종의 딱새를 채집했습니다. 수컷은 검은색과 빨간색입니다. 암컷은 회색과 노란색이어서 발견하기가 어렵습니다. 딱새는 플로레아나섬에서는 멸종했지만 갈라파고스의 다른 섬에서는 조금 살아 있습니다.

자이언트데이지나무는 데이지 과에 속하는 큰 나무입니다. 가루아라고 하는 안개가 피어오르는 숲에서 자랍니다. 그런데 주민들이 농사를 위해 나무를 베면서 나무 서식지가 위협받고 있습니다.

플로레아나섬
크기 : 173평방미터
최고 높이 : 640미터
인구 : 140명

자이언트데이지나무
크기 : 20미터
수명 : 25년
VU 취약

육지달팽이
크기 : 2.5센티미터까지 자람.
수명 : 모름.
CR 위급(3종)
EN 위기(6종)
VU 취약(4종)

플로레아나섬에는 20종의 고유종과 8종의 아종 육지달팽이가 있는데, 이들은 모두 공기로 호흡을 합니다. 달팽이와 달팽이 알을 먹는 쥐와 생쥐가 이들을 위협합니다.

갈라파고스페트렐
날개 폭 : 91센티미터
수명 : 모름.
CR 위급

갈라파고스페트렐은 땅속에 둥지를 짓습니다. 갈라파고스 전역에 둥지를 틀지요. 요즘은 60퍼센트가 플로레아나섬에 있습니다. 이들에게는 개, 돼지, 고양이가 큰 위협입니다. 엘니뇨도 먹이 공급에 영향을 끼칩니다. 또 해양 플라스틱 오염에도 위협받고 있습니다.

핀손섬의 동물들을 만나러 가요

핀손섬에서 술라 탐험대는 갈라파고스에서 살고 있는 다양한 동물과 만납니다. 해수면 가까이에서 용암왜가리는 1분에 두세 마리씩 게를 사냥합니다. 핀손섬 고유종인 핀손용암도마뱀은 바위를 미끄러지듯이 지나갑니다. 이 도마뱀은 팔굽혀펴기를 하면서 자신의 영역을 지킵니다. 팔굽혀펴기를 하면 몸집이 더 크게 보여서 다른 도마뱀이 겁을 먹거든요. 탐험대는 핀손섬 해안의 동물들을 관찰하고 그들의 행동을 기록합니다.

용암왜가리
크기 : 35~63센티미터
수명 : 모름.
LC 최소 관심

바다이구아나를 연구해요

산티아고섬에서 술라 탐험대는 바위 해안에서 일광욕을 즐기고 있는 바다이구아나 수를 셉니다. 바다이구아나는 바다에서 살면서 먹이를 먹는 세계 유일의 도마뱀입니다. 갈라파고스 고유종이지요. 전에 과학자들은 서로 다른 섬에 살고 있는 아주 비슷한 아종이 모두 7종이라고 생각했습니다. 하지만 DNA 검사를 해 본 결과 실제로는 아종이 모두 11종이었습니다.

바다이구아나는 헤엄을 잘 쳐서 때로는 다른 섬으로 헤엄쳐 가기도 합니다. 낯선 곳에 도착한 바다이구아나는 그 섬에 살고 있던 이구아나와 새끼를 낳기도 합니다. 그래서 각 섬에서는 새로운 종이 계속 생겼지요.

바다이구아나의 땀샘은 코에 있습니다. 바다에서 먹이를 먹으면서 섭취한 과도한 염분을 코의 땀샘으로 내보냅니다. 그래서 이구아나의 재채기에서는 짠맛이 납니다.

바다이구아나는 길고 강력한 발톱으로 바다에서 육지로 기어오르고 용암을 움켜쥡니다.

바다이구아나는 초식 동물입니다. 숨을 참고 물속으로 잠수해서 붉은색과 초록색 해초를 먹습니다. 납작한 꼬리는 헤엄치는 데 도움이 됩니다.

사냥꾼 매가 가까이 있다는 것을 흉내지빠귀가 소리로 알려 주면 바다이구아나는 몸을 숨깁니다. 매는 새와 이구아나를 사냥합니다.

산티아고섬
면적 : 572평방미터
최고 높이 : 905미터
인구 : 0

짝짓기 철이 되면 수컷 이구아나는 몸 색깔을 검은색에서 밝은색으로 바꿉니다. 아종에 따라서 짝짓기 할 때의 색이 다릅니다.

어린 바다이구아나는 나이 많은 이구아나의 똥을 먹습니다. 어른 바다이구아나의 배 속에는 해초를 소화하는 데 도움이 되는 박테리아가 있기 때문입니다. 어린 바다이구아나가 이 똥을 먹으면 도움이 되는 박테리아를 얻을 수 있습니다.

바다이구아나
크기 : 0.7~1.5미터
수명 : 5~12년
VU 취약

홍학을 연구해요

라비다섬에서 술라 탐험대는 홍학 무리를 연구하기 위해 석호로 하이킹을 떠납니다. 과학자들은 엘니뇨가 새와 새들이 좋아하는 먹이에 어떤 영향을 미쳤는지 알아내려고 합니다. 홍학이 가장 좋아하는 먹이는 소금물새우라고도 부르는 아르테미아입니다. 연구 팀은 석호의 소금물 농도를 측정하고, 아르테미아를 연구하고, 홍학의 수를 셉니다.

엘니뇨가 발생하면 비가 많이 와서 갈라파고스의 호수와 웅덩이에 민물이 흘러들어 소금물 농도가 낮아집니다. 짠물을 좋아하는 아르테미아에게는 나쁜 소식이지요. 하지만 엘니뇨 때문에 재앙이 발생해도 날지 못하는 펭귄이나 가마우지와는 달리 홍학은 가만히 머물 필요가 없습니다. 더 좋은 먹이를 찾아 날아가면 되거든요.

다리가 가늘고 긴 홍학은 물속에서 머리를 거꾸로 세우고 부리를 양옆으로 흔들며 아르테미아를 걸러 먹습니다. 혹등고래와 수염고래처럼 입안에 체를 가지고 있기 때문입니다.

홍학
크기 : 120~145센티미터
수명 : 60년
LC 최소 관심

라비다섬
면적 : 4.9평방킬로미터
최고 높이 : 367미터
인구: 0

홍학은 갈라파고스의 라비다, 산티아고, 이사벨라, 플로레아나, 산타크루스섬의 42개 호수에서 살고 있습니다.

푸른발얼가니새를 연구해요

술라 탐험대는 갈라파고스에서 가장 화려한 바닷새를 관찰하기 위해 북시모어섬에 도착합니다. 그런데 푸른발얼가니새가 짝짓기에 어려움을 겪고 있습니다. 알을 낳고 새끼를 기르는 일에 서투른 것 같습니다. 개체 수가 점점 줄어들고 있거든요. 새들에게 무슨 일이 일어나고 있는지 알아보기 위해 다비데와 다른 과학자들이 얼가니새의 어미와 새끼 수를 세고 있습니다. 이 숫자는 매년 진행하는 얼가니새 개체 수 조사에 포함될 것입니다.

푸른발얼가니새는 암컷을 향해 재미있는 관심 끌기 행동을 합니다. 수컷이 작은 돌멩이나 나뭇가지를 선물하는 것으로 시작하지요.

수컷은 부리와 꼬리 그리고 날개 끝을 하늘로 향한 채 휘파람을 불어 댑니다.

그러고는 아름다운 푸른 발을 뽐내며 암컷 주변을 걷습니다. 암컷은 가장 밝은 푸른 발을 가진 수컷을 선택합니다. 가장 상태가 좋은 수컷이 최고의 짝이 됩니다.

맹그로브 숲을 연구해요

산타크루스섬에는 블랙 터틀 코브 해안이 있습니다. 뾰족뾰족한 용암 바위 해안이지요. 맹그로브 숲 덕분에 용암 해안은 생명으로 가득 찬 무성한 녹색 생태계로 변했습니다. 술라 탐험대는 맹그로브 숲이 얼마나 중요한지 알아보고자 수면 위와 아래를 나누어 연구합니다.

수중 숲 탐험

탐험대는 맹그로브 주변에서 살아가는 다양한 생물의 목록을 만들었습니다. 여러 종류의 어린 물고기들이 포식자를 피해 맹그로브 뿌리 주변을 맴돌며 숨어 있다가 충분히 자라면 넓은 곳으로 나갑니다.

맹그로브는 갈라파고스 해안선의 3분의 1을 덮고 있습니다.

산타크루스섬

갈라파고스에서 두 번째로 큰 섬.
면적 : 986평방킬로미터
최고 높이 : 864미터
인구 : 약 1만 2,000명

토양 탄소 저장량 측정

카타와 토마스 그리고 다비데는 맹그로브의 수를 세고 낙엽을 수집하고 진흙을 퍼 옵니다. 술라호 실험실에 돌아와서는 숲에 저장된 탄소의 양을 알아내는 연구를 합니다. 다른 많은 나라에서는 맹그로브를 베어 내어 저장된 탄소를 이산화탄소 형태로 배출합니다. 이것은 결국 더 많은 태양 에너지를 지구에 가두어서 기후 변화 문제를 심각하게 만듭니다.

에스테파니아는 공중에서 드론으로 맹그로브 숲을 촬영합니다. 이 사진으로 연구 팀은 맹그로브 숲의 크기를 알아내고 진흙, 나무줄기, 나뭇잎에 저장된 총 탄소량을 계산합니다. 갈라파고스는 맹그로브 숲이 자연적으로 증가하고 있는 곳입니다. 세계에서 몇 안 되는 곳들 중 하나이지요. 맹그로브 숲이 많을수록 더 많은 탄소를 공기 중으로 나가지 못하도록 가둘 수 있습니다.

갈라파고스에는 4종의 맹그로브나무가 자라고 있습니다.

바닷속 공기 방울의 정체는 무엇일까요?

이사벨라섬의 북쪽 해안에서 멀리 떨어진 로카 레돈다에서는 지질학자 카타가 매우 특이한 스쿠버 다이빙을 통해 색다른 바닷속 풍경을 안내합니다. 바닷속 주변은 공기 방울로 가득해서 마치 샴페인 잔 속에서 다이빙하는 것처럼 보이지요.

로카 레돈다는 물 위로 60미터 솟아 있는 화산섬입니다. 5만 3000년 전의 화산이 남아 있는 것이지요.

로키 메도라는 매우 희귀한 수중 순상 화산입니다.
순상 화산이란 경사가 완만하고 밑바닥이 넓어 방패를
엎어 놓은 듯한 화산을 말합니다. 공기 방울은 화산의
구멍인 분기공에서 나옵니다.

고래상어를 연구해요

술라호가 갈라파고스 가장 북쪽에 있는 다윈섬과 울프섬에 도착합니다. 이곳은 세상에서 가장 큰 물고기를 잘 볼 수 있는 곳이지요. 큰 물고기들은 대부분 배가 불룩한 암컷입니다. 아마도 이곳이 고래상어가 새끼를 낳으러 오는 곳이기 때문이겠지요. 하지만 아직 확실한 증거를 찾지는 못했습니다. 술라 탐험대는 조심스럽게 물에 들어가 거대한 고래상어를 조사하고 주변에 있는 작은 물고기도 관찰합니다.

고래상어 무늬 연구하기

갈라파고스펭귄처럼 고래상어도 자신만의 무늬가 있습니다. 레오는 다윈 아치 주변에서 고래상어를 촬영합니다. 나중에 컴퓨터를 사용하여 반점 무늬를 자동으로 구분하여 이전에 과학자들이 이 고래상어를 여기서 본 적이 있는지 알아낼 것입니다. 레오는 레이저 빔으로 고래상어의 정확한 크기를 잽니다.

고래상어
크기 : 20미터까지 자람.
수명 : 100년 이상
EN 위기

이전

이후

다윈섬
갈라파고스에서 가장 북쪽에 있는 섬.
면적 : 2.33평방킬로미터
최고 높이 : 168미터
인구 : 0

예전에 다윈섬 방문객들은 가운데가 뚫린 둥근 다리 모양의 다윈 아치를 볼 수 있었습니다. 그런데 2021년 바람과 파도 때문에 바위가 침식되어 둥근 부분이 사라지고 두 개의 기둥만 남게 되었습니다.

갈라파고스의 고래상어는 태평양을 가로질러 수천 킬로미터에 이르는 긴 여행을 떠납니다. 귀상어, 미흑점상어, 대왕쥐가오리, 바다거북, 다랑어가 다윈섬에서 코코스섬까지 수중 고속도로를 따라 헤엄칩니다. 2021년 영국 글래스고에서 열린 유엔기후변화협약 당사국총회에서 에콰도르 대통령은 이 모든 이동성 동물을 보호하기 위해 '갈라파고스-코코스 수영로'를 보호하는 등 갈라파고스 해양 보호 구역을 확대하는 계획을 발표했습니다.

바닷속 화산을 연구해요

갈라파고스에는 해산이라고 부르는 수백 개의 수중 화산이 있습니다. 높이가 3,000미터나 되는 것들도 있습니다. 술라 탐험대는 해산을 수색하고 해산에서 자라는 신비한 생태계를 연구합니다.

소리로 해저 지형 파악하기

술라호의 음파 탐지기는 바다 밑바닥인 해저를 향해 음파를 내보냅니다. 해저에서 반사되는 메아리를 기계가 감지하면 컴퓨터가 이 소리로 3차원 지도를 그립니다. 이 방법으로 탐험대는 해저 지형을 파악하고 잠수 위치를 결정합니다.

깊은 바다로 잠수

에스테파니아, 렌, 카타가 잠수정 키와호에 올라 첫 잠수 준비를 합니다. 크레인이 키와호를 술라호에서 들어 올려 바다로 내립니다. 키와호 안에서는 에스테파니아가 조종간을 잡고 잠수정을 깊은 바닷속으로 몰고 갑니다.

해산 곳곳에는 마치 식물처럼 보이는 기묘한 모양의 생물들이 자라고 있습니다. 사실 이것들은 동물입니다. 산호와 해면인데 아주 오랫동안 살 수 있습니다. 대나무산호는 200여 년 전에 찰스 다윈이 갈라파고스를 방문했을 때도 이미 자라고 있었습니다.

검은산호라고도 하는 각산호는 세상에서 가장 오래된 동물 가운데 하나로 알려져 있습니다. 해저에서 4000년 이상 살 수 있습니다.

육지 숲처럼 해저 숲에도 다양한 동물이 살고 있습니다. 문어와 물고기, 불가사리와 성게 그리고 스쿼트바닷가재가 있습니다.

암석, 새로운 종 그리고 약품 채집

과학자들은 키와호의 로봇 팔을 이용해서 작은 암석 표본을 채집하여 해산이 어떻게 만들어졌는지 알아냅니다. 또한 작은 산호와 해면 조각을 잘라 가져와서 연구하기도 하지요. 렌은 이것들이 알려지지 않은 새로운 종인지 확인합니다. 산호와 해면에는 새로운 의약품을 만드는 데 필요한 화학 물질이 있을 수 있기 때문입니다.

아주 뜨거운 곳에서도 생물들이 살아요

렌, 에스테파니아, 카타는 카와호를 타고 다시 잠수합니다. 이번에는 몇 킬로미터 더 깊이 내려갑니다. 지구의 어느 곳과는 전혀 다른 방식으로 움직이는 생태계를 연구하기 위해서입니다.

바닷물이 아주 깊은 해저의 틈새로 스며들어 기면 뜨거운 마그마로 가열되어 다시 해저면 위로 올라옵니다. 바로 이곳에 열수 분출공이 만들어집니다. 열수 분출공은 지하에서 뜨거운 물이 솟아 나오는 굴뚝처럼 생긴 구멍입니다. 굴뚝의 온도는 수백 도나 되지만 주변의 바닷속의 높은 압력 때문에 끓지는 않습니다.

종 찾기

전 세계 열수 분출공에서 700종 이상의 해양 생물이 발견되었습니다. 이들 중 80퍼센트는 열수 분출공에서만 사는 고유종입니다. 열수 분출공을 연구하는 과학자들도 종종 새로운 종을 발견합니다. 렌은 검은 연기를 내뿜는 열수 분출공 주변에서 아무도 본 적이 없는 동물을 찾고 있습니다.

폼페이벌레는 열수 분출공 굴뚝에 붙어 있는 관 속에서 살고 있습니다. 폼페이벌레는 세상에서 가장 강한 동물 가운데 하나입니다. 열에 가장 강한 동물 가운데 하나입니다.

갈라파고스민고베수염벌레는 사람보다 키가 더 큰 벌레입니다. 몸 안에는 미생물을 보관하는 특수한 주머니가 있습니다.

따뜻한 곳의 알 더미

뜨거운 열수 분출공에서 조금 떨어진 곳에서 과학자들은 키와로 과학자들은 예상하지 못한 것을 발견합니다. 거대한 알 더미 (마치 생가가 납작해진 것처럼 보이는)입니다. 자이언트심해홍어가 열수 분출공 근처에 알을 낳은 것입니다. 바닷물이 너무 뜨겁지도 차갑지도 않아서 부화할 때까지 알을 품기에 딱 좋은 곳이지요.

설인게도 털로 덮인 다리에서 화학 물질을 좋아하는 미생물을 키웁니다. 게는 미생물이 자라기에 충분한 화학 물질을 얻기 위해 열수 분출공 근처에 자리를 기어다닙니다. 그러다 배가 고프면 자기 몸의 털에서 자라는 미생물을 먹습니다.

화학 합성은 어떻게 일어날까?

미생물은 햇빛 대신 열수 분출공에서 나오는 독성 화학 물질을 이용합니다.

벌레 안에 있는 미생물은 이 화학 물질로 에너지를 만듭니다.

암흑 속에서 생물 발견하기

1977년 앨빈 잠수정을 타고 갈라파고스 근처를 잠수한 과학자들이 열수 분출공을 처음 발견했습니다. 이 발견은 다시 획기적인 발견으로 이어졌습니다. 그때까지만 해도 과학자들은 모든 생명체가 생존하려면 반드시 태양이 필요하다고 생각했습니다. 식물과 해조류는 햇빛을 이용해 광합성을 하면서 영양분을 얻고 성장합니다. 동물은 식물을 먹거나 다른 동물을 먹지요. 하지만 열수 분출공에서는 광합성이 아닌 화학 합성을 하는 미생물을 통해 영양분을 얻습니다. 햇빛이 전혀 들어오지 않는 암흑 속에서도 생태계가 존재할 수 있는 것입니다.

다양한 상어를 만나 보세요

다시 수면 위로 올라온 키와호의 과학자들은 희귀한 종류의 상어도 포함된 모든 종류의 상어 떼에 둘러싸입니다. 뭉툭코여섯줄아가미상어와 칠성상어는 갈라파고스에서도 보기 힘든 상어입니다.

뭉툭코여섯줄아가미상어
크기 : 4.8미터
수명 : 모름.
NT 준위협

갈라파고스의 다윈섬과 울프섬 주변 바다는 지구에서 상어가 가장 많이 사는 곳입니다. 플랑크톤이 풍부해서 먹이가 되는 물고기가 많기 때문입니다. 해양 보호 구역에서는 상어 역시 잡지 못하도록 보호해 주고 있습니다.

귀상어의 신기한 감각 기관

키와호가 귀상어 떼를 헤치고 올라가고 있습니다. 귀상어는 전 세계에 살고 있지만 수백 마리가 정기적으로 큰 무리를 이루며 사는 곳은 갈라파고스뿐입니다. 귀상어 떼가 왜 이런 무리를 이루는지는 아직 밝혀지지 않았습니다.

망치처럼 생긴 귀상어의 특이한 머리 모양은 귀상어의 시력에 도움을 줍니다. 멀리 떨어져 있는 양쪽 눈으로 보면 시야가 가운데에서 겹쳐져 입체적으로 보이기 때문에 물체가 얼마나 멀리 떨어져 있는지 잘 알 수 있습니다. 귀상어는 먹이를 낚아챌 수 있는 좋은 위치에서 능숙하게 공격하지요. 또한 머리 전체에는 로렌치니 암폴라 감각 기관이 퍼져 있는데 이 기관은 다른 동물의 근육에서 발생하는 약한 전기장을 감지합니다.

홍살귀상어
크기 : 4.3미터
수명 : 35년
CR 위급

칠성상어
크기 : 3미터
수명 : 49년 이상
VU 취약

울프섬
면적 : 2.85평방킬로미터
최고 높이 : 253미터
인구 : 0

진짜 탐험은 지금부터입니다

이제 탐험은 끝났습니다. 하지만 과학자들에게는 중요한 임무가 남았습니다. 갈라파고스의 놀라운 야생 생물들과 야생 생물들이 마주한 환경 문제를 세상에 널리 알리는 것입니다. 여러분도 함께하면 어떨까요?

갈라파고스의 미래는 어떻게 될까요?

갈라파고스는 살아 있는 보물 창고이자 수많은 생명을 위한 외딴 은신처와 같지만 일부 섬에서는 서식지가 파괴되고 야생 생물들이 쥐와 고양이에게 잡아먹혔지요. 하지만 사람들이 도움의 손길을 내밀면서 야생 생물들은 빠르게 회복되었습니다. 현재 환경 보호 활동가들이 갈라파고스를 다시 야생의 상태로 되돌리기 위해, 영원히 사라진 줄 알았던 멋진 생물종들을 다시 데려오기 위해 열심히 노력하고 있습니다.

어린 플로레아나흉내지빠귀가 가드너섬과 챔피언섬에서 플로레아나섬으로 옮겨질 것입니다. 이곳에서 새로운 서식지를 만들겠지요.

2019년 환경 보호 활동가들은 멸종된 것으로 알려진 페르난디나거대땅거북과 매우 비슷한 땅거북을 한 마리 발견했습니다. 지금은 또 다른 수색을 하고 있습니다. 페르난디나거대땅거북을 한 마리 더 찾아서 짝짓기를 시키려는 것입니다.

환경 보호 활동가들은 멸종한 페르난디나거대땅거북과 매우 비슷한 새끼 땅거북들을 키우고 있습니다. 이 땅거북들의 조상은 이사벨라섬에서 살았습니다. 몇백 년 전에 살아 있는 땅거북들을 싣고 가던 배가 침몰했을 때 일부가 이사벨라섬으로 떠밀려 왔습니다. 이 땅거북들이 이사벨라땅거북들과 짝을 지어서 새로운 잡종을 만들어 냈습니다.

갈라파고스의 옛 거주지로 다시 데려올 수 있는 동물들

맹그로브핀치를 포함한 핀치새 5종

다윈플라이캐처   용암갈매기   갈라파고스레이서

갈라파고스원숭이올빼미   갈라파고스매   갈라파고스뜸부기

낱말 풀이

개체 하나의 독립된 생명체이며 생물을 정의하는 기본 단위.

광합성 녹색식물과 말무리가 햇빛을 이용해 영양분을 만드는 과정.

그레이트 배리어 리프 세계적으로 유명한 하트 모양의 리프가 있는 산호초가 모인 곳.

기생충 다른 생명체 표면 또는 내부에 사는 생명체.

드론 무선 전파로 조정할 수 있는 무인 비행기.

마그마 땅속 깊은 곳에서 암석이 녹아서 생긴 물질.

만 바다가 육지 속으로 파고들어 와 있는 곳.

맹그로브 아열대나 열대의 해안가와 강변을 따라 빽빽하게 자라는 나무와 덤불.

미생물 박테리아처럼 맨눈으로 볼 수 없을 정도로 작은 생명체.

민물 강이나 호수 등과 같이 염분이 없는 물.

박테리아 모든 자연 환경에서 볼 수 있는 아주 작은 단세포 생물.

본토 주가 되는 국토를 섬이나 다른 나라에 지배되고 있는 나라에 상대하여 이르는 말.

부력 기체나 액체 속에 있는 물체가 그 물체에 작용하는 압력에 의하여 중력에 반해 위로 뜨려는 힘. 물체에 작용하는 부력이 중력보다 크면 뜬다.

분기공 화산의 화구 안이나 산허리, 산기슭에서 화산가스를 분출하는 구멍.

분화 화산성 물질이 지구 내부에서 표면으로 방출되는 것 또는 그런 현상을 통틀어 이르는 말.

분화구 운석의 충돌 또는 화산 폭발로 생긴 구멍.

색소 어떤 물체에 색을 만드는 물질.

생물 다양성 어떤 지역에 살아 있는 생명체의 다양함. 식물과 동물, 미생물, 유전자는 물론 지구에 살아 있는 모든 생명체가 얼마나 다양하고 풍요로운지 정도를 나타낸다.

생태계 생물이 살아가는 세계. 한 장소에 사는 모든 생물체와 그 주위 환경을 포함한다.

서식지 생물 등이 일정한 곳에 자리를 잡고 사는 곳.

석호 바닷가에 생기는 모래사장 등이 만의 입구를 막아 바다와 분리되어 생긴 호수.

스노클 잠수를 하는 동안 물 밖으로 연결하여 숨을 쉬는 데 쓰는 기구.

아종 한 종 안에 속한 집단이지만 유전적으로 또는 물리적으로 구분되는 생명체 집단.

연골	상어 같은 물고기의 골격을 구성하는 분명한 모양의 유연한 뼈.
열수	매운 뜨거운 물.
요각류	절지동물 갑각류에 속하는 동물 무리로, 대부분 현미경을 통해서만 볼 수 있을 정도로 크기가 아주 작다. 우리말로 노벌레라고도 부른다.
용암	화산이 분출할 때 나오는 액체 물질로, 마그마가 땅 밖으로 나온 것.
음파	물체의 진동에 의해 생긴 공기의 진동이 주위로 퍼지는 것.
적도	지구의 북반구와 남반구를 나누는 기준이 되는 가상의 선.
적도 잠류	적도 바로 아래 수심 100~300미터 지점을 너비 200~300킬로미터의 규모로 서쪽에서 동쪽으로 흐르는 해류.
제도	섬들의 집합체.
종	같은 특성을 가진 특정한 동물과 식물을 비롯한 생명체 집단.
주교	가톨릭에서 교구를 관할하는 성직자.
진화	지구상의 생물들이 살아가면서 환경에 적응하고 발전해 가는 과정.
진화 이론	지금 살아 있는 모든 생물은 과거에 존재하는 생물로부터 생겨났다는 이론.
집어 장치	물고기를 모으는 장치.
침식	비, 하천, 빙하, 바람 등의 자연 현상이 지구 표면을 깎는 현상.
크레인	물건을 들어 올려서 운반하는 기계 장치.
퇴적물	물과 바람에 의하여 부서져 운반된 자갈, 모래, 진흙 등이 쌓인 것.
포경선	고래를 잡기 위하여 특별한 설비를 갖춘 배.
포식자	다른 동물을 먹이로 하는 동물.
학명	학문적으로 편리하게 쓰기 위해 미생물을 포함한 모든 생물에 붙이는 이름.
해류	바닷물의 흐름.
화석 연료	석탄이나 석유와 같이 지질 시대의 생물이 화석으로 굳어져 오늘날에 연료로 이용되는 물질.